Que veux-tu préparer aujourd'hui ?

Mi-cuits
au chocolat noir

Mousses
au chocolat au lait et amandes

Madeleines
au chocolat blanc

Pots de crème
au chocolat noir

Sauce
au chocolat noir

Enfile ton tablier, lave-toi bien les mains et maintenant, c'est toi le chef !

6 petits mi-cuits
délicieusement coulants

Ingrédients

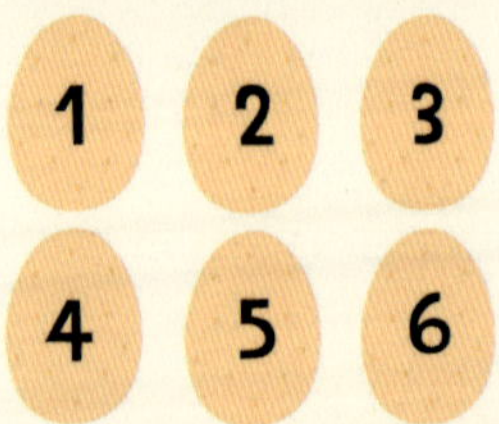

Ustensiles

deux saladiers

une balance

un bol

une casserole

un fouet

un verre mesureur

un pinceau

un couteau

six petits moules

Préchauffe ton four à 200°C (th.6-7)

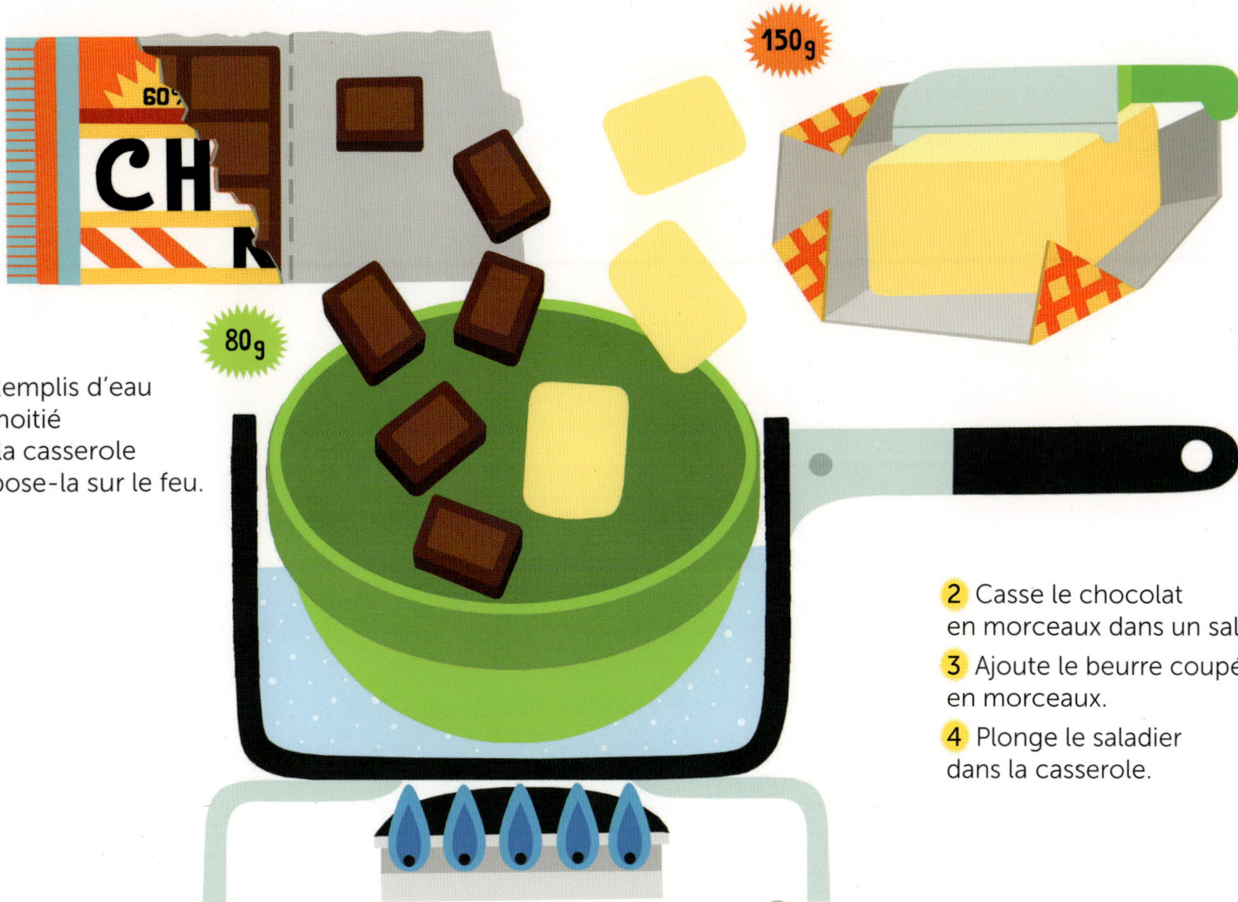

1 Remplis d'eau la moitié de la casserole et pose-la sur le feu.

2 Casse le chocolat en morceaux dans un saladier.

3 Ajoute le beurre coupé en morceaux.

4 Plonge le saladier dans la casserole.

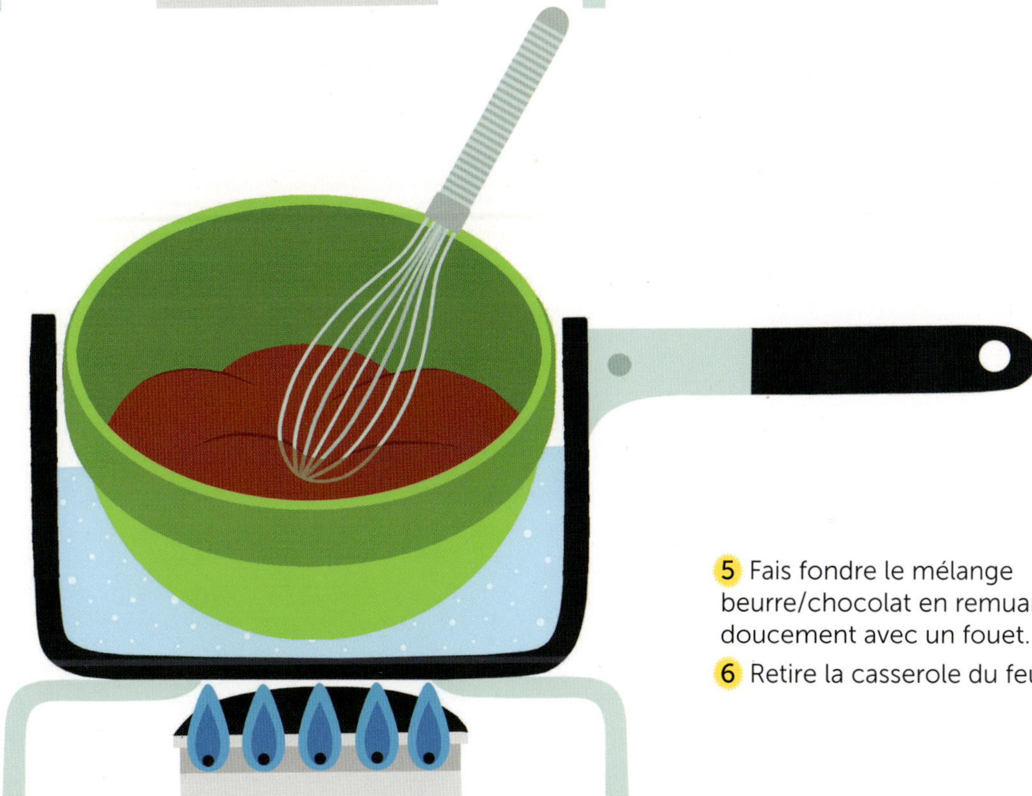

5 Fais fondre le mélange beurre/chocolat en remuant doucement avec un fouet.

6 Retire la casserole du feu.

7 Casse 3 œufs entiers dans un autre saladier.

8 Prends 3 autres œufs. Sépare les jaunes des blancs : casse chaque œuf en deux au-dessus d'un bol, fais passer le jaune d'une coquille à une autre en laissant couler le blanc dans le bol. Verse les jaunes dans le saladier avec les œufs entiers. Tu n'auras pas besoin de ces 3 blancs.

9 Verse le sucre dans le saladier avec les œufs.

10 Mélange.

11 Verse cette préparation dans le saladier contenant le mélange chocolat et beurre fondus.

12 Mélange.

13 Ajoute la farine petit à petit.

14 Mélange.

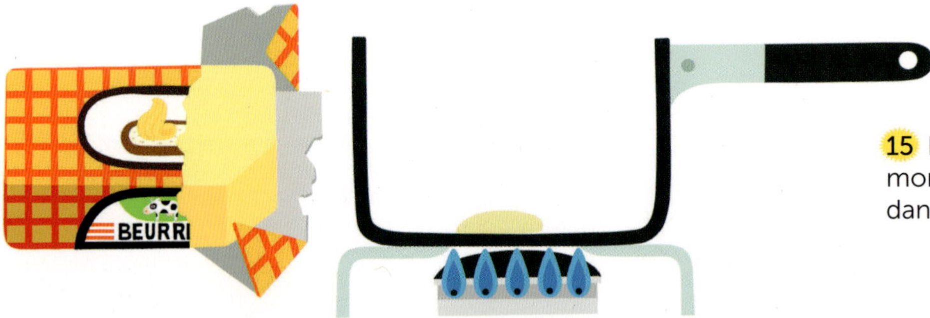

15 Fais fondre un petit morceau de beurre dans une casserole.

16 Trempe un pinceau dans le beurre fondu et étale-le au fond des moules pour que les mi-cuits ne restent pas collés.

17 Verse la pâte dans les moules.

18 Fais cuire les mi-cuits 9 minutes au four, juste avant de les déguster : ils sont meilleurs chauds.
Ils doivent être bombés.
Quand ils sont cuits, démoule-les délicatement.